COUP D'OEIL

SUR

L'HISTOIRE DE LA TYPOGRAPHIE

DANS LES PAYS ROUMAINS

AU XVIᵉ SIÈCLE

PAR

ÉMILE PICOT

PROFESSEUR À L'ÉCOLE DES LANGUES ORIENTALES VIVANTES

Extrait du *Centenaire de l'École des langues orientales vivantes*

PARIS

IMPRIMERIE NATIONALE

M DCCC XCV

6044/1

Pièce
Fol. Q
39

COUP D'ŒIL

SUR

L'HISTOIRE DE LA TYPOGRAPHIE

DANS LES PAYS ROUMAINS

AU XVIᵉ SIÈCLE

COUP D'OEIL

SUR

L'HISTOIRE DE LA TYPOGRAPHIE

DANS LES PAYS ROUMAINS

AU XVIᵉ SIÈCLE

PAR

ÉMILE PICOT

PROFESSEUR À L'ÉCOLE DES LANGUES ORIENTALES VIVANTES

Extrait du *Centenaire de l'École des langues orientales vivantes*

PARIS

IMPRIMERIE NATIONALE

—

M DCCC XCV

COUP D'OEIL

SUR

L'HISTOIRE DE LA TYPOGRAPHIE

DANS LES PAYS ROUMAINS

AU XVIᵉ SIÈCLE.

L'histoire de la typographie dans les pays roumains n'a jamais été écrite, car on ne peut donner le nom d'histoire à la dissertation de Basile Pop, simple aperçu qui n'a plus guère de valeur aujourd'hui [1], pas plus qu'on ne peut décorer du nom de « bibliographie » le misérable essai de Démètre Iarcu [2]. Il y a pourtant un grand nombre de notices précieuses dispersées dans les ouvrages de P.-J. Šafařík [3], de Karatajev [4], d'Undoljski [5], de T. Cipariu [6], de

---

[1] Дісертаціе деспре типоґрафіілє ромъне́ціі жн Трансілваніа ші жн бечінателе Църї дела жнчепутул лор пън ла времілє ноастрє. Скрісъ де Васіліе Попп, а фръмоасєлор Мъестріі, а філософіі ші Медічіне́ Доктор, ші К. К. Монтано-Камерал Фісік жн Златна. Сібіи, 1838. Сау типърі́т ла Георґіє де Клозіус. In-8° de 100 pp.

[2] *Bibliografia chronologică română, saŭ Catalogŭ generalŭ de cărţile române imprimate de la adoptarea imprimeriŭ* [sic], *diumětate secolŭ xvɪ şi până astă-ḑi. Ediţiunea a doua... De Dimitrie Iarcu.* Bucurescï, Imprimeria Statuluï, 1873. Gr. in-8° et xx et 161 pp., plus 1 f.

[3] *Paul Jos. Safařík's Geschichte der südslawischen Literatur. Aus dessen handschriftlichem Nachlasse herausgegeben von Josef Jireček.* Prag, Fried. Tempsky, 1864-1865. 3 vol. en 4 part. in-8°.

Les mémoires antérieurs de Šafařík (*Wiener Jahrbücher der Lit.*, *Anzeigeblatt* xl.ɪɪɪ, et *Časopis*

českého Musea, 1842) sont refondus dans cette histoire.

[4] Хронологическая Роспись славянскихъ книгъ, напечатанныхъ кирилловскими буквами. 1491-1730. Составилъ И. Каратаевъ. Санктпетербургъ, 1861. In-8° de xix pp., 2 ff. et 227 pp.

Описаніе славяно-русскихъ книгъ напечатанныхъ кирилловскими буквами. Томъ первый. Съ 1491 по 1652 г. Составилъ И. Каратаевъ. Санктпетербургъ. Типографія императорской Академіи наукъ. . . . 1883. In-8° de 1 f., vj pp., 1 f. et 554 pp.

L'auteur étant mort peu de temps après la publication de ce premier volume, l'ouvrage n'a pas été terminé.

[5] Хронологическій Указатель славяно-русскихъ книгъ церковной печати съ 1491-го по 1864-й г. Выпускъ первый. Очеркъ славяно-русской библіографіи В. М. Ундольскаго. Москва, 1871. In-8° de iv et 387 pp.

[6] *Crestomatia, seau Analecte literarie dein cartile mai vechi si noue romanesci, tiparite si*

MM. Al. Odobescu, B.-P. Hișdău, I. Bianu et, en particulier, dans les publications de notre savant collègue Émile Legrand.

Nous nous proposons dans les notes qui vont suivre de coordonner les renseignements épars dans les travaux de nos devanciers. Nous les avons complétés çà et là, grâce à nos recherches personnelles; mais nous ne nous dissimulons nullement l'insuffisance de nos ressources. Le Gouvernement roumain a réuni depuis bien des années déjà au musée de Bucarest tous les livres qu'il a pu recueillir dans les monastères de la Valachie et de la Moldavie. On pouvait espérer qu'il serait fait de ces livres un catalogue sérieux, accompagné de reproductions; mais le temps s'écoule, le précieux dépôt reste à peu près inconnu, et personne ne songe à nous en donner même un inventaire sommaire. La bibliothèque de l'Académie roumaine, qui s'enrichit chaque jour par des acquisitions ou des dons, renferme, sans parler des manuscrits et des chartes, un nombre considérable de volumes imprimés qui n'existent nulle part ailleurs, et là également il n'est pas question de publier un catalogue. On peut se demander à quoi servent les millions que possède aujourd'hui l'Académie, l'un des corps savants le plus largement dotés de l'Europe. Qu'un incendie vienne à détruire les deux dépôts dont nous venons de parler, les monuments les plus précieux de l'histoire et de la littérature des Roumains disparaîtront sans laisser de traces.

Nos recherches se sont étendues jusqu'à la fin du xviiie siècle; mais, limité par l'espace, nous n'en donnons aujourd'hui que la partie relative au xvie siècle. Nous serions heureux que des communications bienveillantes nous permissent de compléter les documents que nous avons réunis.

I

PREMIÈRE IMPRIMERIE DE TÎRGOVIȘTE.

Radu, qui monta en 1493 sur le trône de Valachie, a reçu des historiens le surnom de « Grand ». Ce surnom, il ne le dut pas à ses victoires, mais aux réformes qu'il introduisit dans l'administration de l'Église et de l'État. Le seul

---

manuscrise, incepundu dela seclulu xvi pana la alu xix, cu notitia literaria, adunate si alese de Tim. Ciparia. Blasiu, MDCCCLVIII. Cu tipariulu Seminariului. In-8° de xxxviij pp., 1 f. et 256 pp. — *Principia de limba si de scriptura de T. Ciparia. Editiunea II revediuta si immultita.* Blasiu, MDCCCLXVI. Cu Tipariulu Seminariului. In-8° de iv et 407 pp.

Les deux ouvrages sont précédés de notices bibliographiques.

fait qu'il comprit de quelle importance pouvait être l'art typographique et voulut l'introduire dans son pays, suffit à nos yeux pour le ranger parmi les princes les plus éclairés que la Valachie ait connus. Mais, avant de parler de l'initiative prise par Radu, il importe de rappeler, en quelques mots, les origines de l'imprimerie cyrillienne.

Depuis une époque qu'il est impossible de déterminer, sans doute depuis leur conversion au christianisme, les Roumains avaient comme langue littéraire le slovène, autrement dit le slavon liturgique, et n'employaient que les caractères cyrilliens. Comme la plupart des fidèles de l'Église d'Orient, ils devaient tenir en suspicion l'invention de Gutenberg. Il est remarquable, en effet, que les Russes, les Bulgares et les Serbes n'aient possédé que vers la fin du xve siècle des livres imprimés pour eux, avec l'alphabet auquel ils étaient accoutumés. Les premières impressions slavonnes furent exécutées à Cracovie en 1491. Un libraire d'Augsbourg, Johann Haller, fit les frais de divers volumes destinés à être vendus au clergé orthodoxe en Pologne et en Russie. Un imprimeur allemand, Swaybold Frank, ou Świętopelk Fiol, se chargea du travail typographique. Les poinçons avaient été gravés par un artiste brunswicois, Rudolph Borsdorf [1]. Cinq ouvrages furent achevés par Fiol en la seule année 1491, au prix d'un labeur et d'une dépense considérables; mais le succès ne répondit pas à l'attente des associés. Dès le mois de janvier 1492, le clergé catholique défendit l'impression de livres cyrilliens destinés à l'Église rivale [2]; aussi Haller et Fiol durent-ils renoncer à leur entreprise.

L'exemple donné par les Allemands de Cracovie ne fut pourtant pas inutile; ce ne fut pas, il est vrai, dans le nord; ce fut à Venise, le centre le plus actif de l'imprimerie au xve siècle, qu'il trouva des imitateurs. Le 13 mars 1493, Andrea Torresano, d'Asola, termina un livre d'heures (*Casoslovec*) slovéno-serbe [3], pour lequel il avait dû créer tout un matériel.

La bibliothèque de Nuremberg possédait jadis un exemplaire de ce précieux volume, qui a depuis longtemps disparu; nous n'en avons qu'une description assez incomplète [4]; mais on doit croire qu'André fut aidé, tant pour

---

[1] Voir Karatajev, Onncanie, p. 1-14, n°s 1-5.

[2] Voir le document cité par M. A. Brückner dans l'*Archiv für slavische Philologie*, xvi, 608. — Ce même document nous révèle le nom d'un associé de Fiol précédemment inconnu, un membre de la famille Turza.

[3] La plupart des bibliographes classent ce volume parmi les impressions cyrilliennes; Kopitar supposait au contraire qu'il était imprimé en caractères glagolitiques. Voir Šafařík, *Geschichte der südslawischen Literatur*, III, p. 251.

[4] Voir les auteurs cités par Karatajev, n° 6. — Le bibliographe russe eût bien fait de reproduire au moins la description donnée par Hain (*Repertorium*, n° 3833).

la gravure des caractères que pour le choix et la correction du texte, par quelqu'un de ces prêtres slaves si nombreux alors à Venise [1]. Cet auxiliaire, ce typographe resté inconnu, était peut-être Macaire, le moine monténégrin dont nous allons parler.

Andrea Torresano, non content d'être imprimeur, faisait sans doute aussi le commerce des caractères d'imprimerie, comme l'avait fait son prédécesseur Nicolas Jenson; il n'est pas improbable que ce fut lui qui vendit le matériel transporté au Monténégro dans le cours de la même année. Le moine Macaire, dont nous venons de prononcer le nom, termina le 4 janvier 1494, dans ce petit pays, les quatre premières voix d'un *Oktoih* ou *Osmoglasnik* commencé quelques mois auparavant [2]. Qu'on jette les yeux sur un fragment de ce livre, on y reconnaîtra les belles initiales vénitiennes, les beaux types qui ont dû être gravés sous la direction de Torresano ou de quelque autre habile typographe. Le défaut de régularité que nous observons dans l'espacement des lignes tient à ce que le noir et le rouge alternent et que l'ouvrier chargé de la presse n'a pas obtenu un repérage parfait.

1. — *Oktoih* imprimé par Macaire (1494), fol. 268. (Les lignes impaires sont imprimées en rouge.) [3]

Macaire, pour faire plus facilement accepter ses productions par le clergé,

---

[1] La souscription, qui est en latin, contient une faute imputable, selon toute apparence, à un compositeur slave : *Hunc* [sic] *breviarium impressit magister Andreas de Thoresanis de Asula die 13. Marcij 1493.*

[2] Karatajev, Onucanie, n° 7.

[3] Les clichés de l'*Oktoih* de 1494, du *Psautier* de 1495, de l'*Apostol* de 1547 et du *Psautier* slovène de 1577 ont été exécutés dans l'atelier de MM. Husnik et Hassler, à Prague, sur les exemplaires du Musée bohème, par les soins de M. Patera, directeur de la collection, et de notre excellent ami M. Sobieslas Pinkas. Les clichés portant les n°s 3, 5 et 7 sortent des ateliers de MM. Manzi et Joyant, à Paris.

COUP D'OEIL

SUR

L'HISTOIRE DE LA TYPOGRAPHIE

DANS LES PAYS ROUMAINS

AU XVIe SIÈCLE

clot la liste des livres imprimés par Macaire, tout au moins de ceux qui nous sont connus [1].

Douze années s'écoulent pendant lesquelles nous ne savons rien de Macaire, puis nous le retrouvons en Valachie. Avait-il été attiré dans ce pays par le renom de piété que s'était fait Radu? Avait-il reçu quelque invitation du prince? Nous ne pouvons que hasarder sur ce point des suppositions. Le seul fait qui nous paraisse à peu près certain, c'est que, en 1508, Macaire avait transporté ses presses en Valachie. Une liturgie slave de saint Jean Chrysostome, dont M. Odobescu a trouvé au monastère de Bistriţa sept exemplaires défectueux [2], et que M. V. Jagić décrit également, se termine par la souscription reproduite ci-contre [3].

Il est nécessaire d'examiner de près cette souscription. L'année 7016 devrait correspondre à l'an 1507, puisque l'on est au 1er novembre et que, en

---

[1] Karatajev, Описаніе, n° 9. — Il n'est pas absolument certain que ce volume ait été imprimé au Monténégro.

Le quatrième centenaire de l'imprimerie monténégrine a été célébré en 1893 par les publications suivantes :

1. О цетињској штампарији пре четири стотине година. Написао архимандрит Иларион Руварац. У Београду, штампано у краљ. српској штампарији. 1893. In-8° de 46 p.
Српска краљевска Академија, Глас XL.

2. Издао Одбор за прославу четиристогодишњице Ободске штампарије. Написао П. А. Ровински. — Ободска Штампарија на Ријеци Црнојевића у Црној Гори и њен значај на словенском југу. Цетиње, у државној штампарији. 1893. In-16 de 32 p.

3. У спомен четиристогодишњице прве српске штампарије 13, 14, 15, 16 и 17 јула 1893 године. — Старе српске Штампарије. Написао М. Ђ. Милићевић. Посебице штампано из 11 и 12 бр. «Јавора». Земун-Београд, издање «Јавора» 1893. [Штампарија Јова Карамата у Земуну.] In-8° de 19 p.

Cette notice est, comme la précédente, une œuvre de vulgarisation, extraite de Karatajev. M. Milićević remarque cependant (p. 5), d'après l'archimandrite Ruvarac, que l'atelier de Macaire devait être à Cetinje et non, comme on

l'a cru jusqu'ici (et comme le dit M. Rovinski), à Obod, petit village de la tribu de Cuce, sur la Crnojevića Rijeka.

4. Der erste cetinjer Kirchendruck vom Jahre 1494. Von V. Jagić. Wien, F. Tempský, 1894. 2 part. gr. in-4° de 1 f., 80 p. et 1 pl., 1 f. et 72 p. — Extr. des Denkschriften der Kais. Akademie der Wissenschaften. Philosophisch-Historische Classe, Band XLIII.

Cet important travail est accompagné d'une planche qui reproduit deux pages de l'Oktoih, aux trois quarts de la grandeur originale.

Notons encore un article de M. Stojan Stanojević : Прилошци библиографији србуља dans la Годишњица Николе Чупића, XIV (1894), p. 360-384.

[2] Revista română, I (1861), p. 818. — Karatajev n'a pas connu ce précieux volume.

[3] Le présent fac-similé a été exécuté sur un exemplaire, incomplet du titre, que possède la Bibliothèque royale de Belgrade. Le volume ayant été communiqué récemment à M. V. Jagić à Vienne, notre savant ami Constantin Jireček a bien voulu se charger de faire photographier pour nous la dernière page. Les mots їѡ Міхнѣ великаго воеводы et la ligne въ лѣто ҂ЗЅІ, etc., sont imprimés en rouge.

3. — Souscription du *Liturgiarion* de Macaire, 1508.

Et ce livre a été achevé par ordre du prince fidèle en Jésus-Christ, aimant le Christ, le bien gardé et très illustre Jean Mihnea, grand voïévode de tout le pays de Hongrovalachie et de Podunavie, fils du grand Jean Vlad, voïévode, la première année de son règne, par les soins de l'humble moine et prêtre Macaire, en l'année 7016, 16e du cycle solaire, 5e du cycle lunaire, 12e indiction, le 1er novembre.

principe, les années commencent au 1ᵉʳ septembre, d'après le comput de Constantinople; mais Macaire a pris soin de nous avertir qu'il ne fait commencer l'année qu'au 1ᵉʳ janvier. En effet l'année 1508 est bien la 6ᵉ du cycle lunaire, et la 12ᵉ indiction avait pour point de départ le 1ᵉʳ septembre 1508[1]. De plus, le typographe nous dit que le volume fut achevé la première année du règne de Mihnea; or Mihnea monta sur le trône au mois de mars 1508 [2]. Il n'est guère admissible que, en sept mois, Mihnea, qui ne paraît jamais s'être intéressé aux arts pacifiques, ait eu le temps de faire venir Macaire en Valachie, que celui-ci y ait installé ses presses et y ait imprimé un gros livre. C'est donc à Radu que nous devons rapporter l'honneur de la première typographie roumaine. Mihnea se soucia si peu de Macaire que, pendant les deux ans qu'il détint le pouvoir, il ne lui fit exécuter aucune impression.

On a vu que l'imprimeur du *Psautier* monténégrin de 1495 faisait de même commencer l'année au 1ᵉʳ janvier.

L'archimandrite Ruvarac admet comme nous sans conteste que le Macaire du Monténégro et celui de Valachie ne sont qu'une même personne. M. Jagić se montre plus réservé, il est surtout frappé de ce fait que le gros type employé en Valachie diffère entièrement du type monténégrin. Cette observation a sa valeur; mais elle n'est pas décisive. La lettre, relativement fine, de 1494 avait peut-être été considérée comme trop petite pour des volumes destinés à être lus par des chantres dans le chœur d'une église. Rien n'empêche de croire que le clergé avait lui-même demandé des lettres plus grosses, se détachant mieux les unes des autres et pouvant plus aisément se distinguer à distance. Peut-être aussi Macaire avait-il vu son atelier détruit et n'avait-il pas pu sauver ses fontes. Le fait que le matériel de 1508 ne se confond pas avec celui de 1494 ne prouve pas qu'il y ait eu plusieurs imprimeurs du nom de Macaire. L'*Évangéliaire* de 1512 nous offre un type qui diffère en partie des deux précédents, et cependant personne ne soutiendra que l'officine d'où il est sorti n'est pas la même que celle de 1508. Ajoutons que le grand fleuron décoré de l'aigle valaque rappelle le fleuron orné de l'aigle monténégrine; il y a aussi une grande ressemblance dans les titres imprimés en majuscules entrelacées [3].

---

[1] Le cycle solaire (16) est ici compté à la façon des Grecs. D'après le comput occidental, l'année 1507 porte le n° 7 dans le cycle de 19 ans, et l'année 1508, le n° 8.

[2] Cette date ressort des actes publiés par Engel (*Gesch. der Moldau und Walachey*, I, 191) et par Hurmuzaki (*Documente*, II, II, 572-573).

[3] On peut comparer les fac-similés donnés par M. Jagić et par M. Odobescu avec les reproductions que nous insérons plus loin.

Une nouvelle révolution eut lieu en Valachie au commencement de l'année 1510 : Mihnea, chassé par les Turcs, se réfugia en Transylvanie, où il fut massacré par Démètre Jakšić, cinq jours avant la fête de saint Grégoire pape, c'est-à-dire le 7 mars [1]; il eut pour successeur Vlad. Malgré cette révolution, Macaire put achever dans le courant de l'année 1510 l'*Oktoih* dont il avait donné la première partie au Monténégro le 4 janvier 1494. Un exemplaire de la seconde partie, qui contient encore la souscription, a été découvert au monastère de Hilandar [2]; la bibliothèque de l'Académie roumaine en possède un autre, incomplet du dernier cahier, sans parler de diverses autres lacunes [3].

La troisième production de Macaire en Valachie porte le nom d'un nouveau prince; c'est un *Évangéliaire*, de format in-4°, qui compte 289 feuillets, imprimés en rouge et en noir, et qui fut achevé le 25 juin 7020, c'est-à-dire 1512, par ordre de Jean Băsărab. Ce prince, plus connu sous le nom de Neagoe, avait remplacé, au mois de février 1512, Vlad que les Pärvuleștĭ, alliés aux Turcs, avaient massacré [4]. Il régna jusqu'en 1521 et a laissé la réputation d'un homme éclairé. La construction de l'église d'Argeș prouve qu'il avait le goût des arts; aussi Macaire eut-il soin d'imprimer pour lui sur vélin des exemplaires du recueil des Évangiles qui furent richement enluminés. M. Odobescu [5] a trouvé au couvent de Bistrița l'un de ces exemplaires, qui est maintenant conservé au Musée national de Bucarest.

Les trois volumes dont nous venons de parler sont les seules impressions exécutées par Macaire en Valachie qui nous soient connues. Le matériel typographique diffère du matériel monténégrin, et l'on n'oserait pas affirmer qu'il soit d'origine vénitienne. On peut croire que les grandes initiales et les fleurons à l'aigle roumaine auront été gravés en Valachie. La langue diffère assez sensiblement de la langue que nous trouvons dans les volumes de 1494

---

[1] Voir Hurmuzaki, *Documente*, II, 11, p. 610.

[2] Voir Гласник српског ученог друштва, XLIV, p. 253, n° 1. — Cf. Karatajev,Описание, n° 11.

[3] La cinquième et la sixième voix ont ensemble 102 feuillets répartis en 12 cahiers de 8 feuillets et 1 cahier de 6 feuillets; la septième et la huitième doivent avoir le même nombre de feuillets. Les cahiers s'y suivent de 14 à 26 (c'est le 26° qui manque à l'exemplaire de Bucarest). Le volume est in-folio; les pages ont 30 lignes, le texte est tiré en rouge et en noir.

[4] Engel, I, p. 197; Xenopol, II, p. 475.

[5] Voir *Revista romănă*, I, p. 815-818. M. Odobescu a joint à son article la reproduction d'un feuillet, sur lequel on voit l'aigle valaque se détachant en noir sur un champ d'or et entourée d'arabesques. Les grandes initiales sont en noir, en rouge et en or, comme dans l'exemplaire tiré sur vélin. Nous ne savons pourquoi le critique roumain donne à notre volume la date de 1514, puisqu'il dit bien 7020. — Cf. Karatajev, Описание, n° 12.

et 1495; mais, M. Jagić⁽¹⁾ lui-même admet que ces différences proviennent sans doute des manuscrits suivis par le typographe et répondent en même temps à l'usage des lecteurs auxquels il s'adressait. M. Stojan Novaković⁽²⁾, qui a consacré plusieurs études à l'accentuation des anciens livres slovéno-serbes, a constaté que l'*Évangéliaire* de 1512 offre des particularités qui ne se retrouvent pas dans les incunables monténégrins; mais, sur ce point encore, il se peut que Macaire ait reproduit fidèlement le manuscrit qui lui servait de copie. Il eût été bien plus curieux de comparer entre elles les deux parties de l'*Oktoih*, ce qui n'a pas encore été fait. Il est vrai que la seconde partie n'est connue que depuis peu d'années, et que M. Novaković n'a sans doute pas été à même de la consulter.

Ces travaux paraissent avoir valu à Macaire les plus grands honneurs ecclésiastiques. Le moine typographe se confond probablement avec le Macaire qui fut élevé sur le siège métropolitain après la mort de Georges Branković, c'est-à-dire de saint Maxime (18 janvier 1516⁽³⁾). L'auteur de la Vie de saint Niphon passe sous silence la mort de saint Maxime, mais il parle de la haute dignité conférée à Macaire⁽⁴⁾; il ajoute que ce fut lui qui transféra la métropole d'Argeș à Tîrgoviște⁽⁵⁾. Plusieurs autres moines roumains durent de même leur élévation à leur talent pour la typographie. Il nous suffit de rappeler le nom d'Anthime, qui fut évêque de Rîmnic, puis métropolitain de Valachie, et celui de Métrophane, évêque de Huși, puis de Buzău.

Macaire n'a pas cru devoir nous apprendre dans quelle ville ont été imprimés les volumes achevés par lui en 1508, 1510 et 1512; aussi M. Odobescu s'est-il posé la question de savoir s'ils n'avaient pas été exécutés à Venise⁽⁶⁾. Cette hypothèse ne nous semble guère admissible, car les fleurons employés par Macaire en Valachie trahissent une origine locale, et d'ailleurs son officine subsista dans la principauté roumaine. M. Novaković se prononce pour Tîrgoviște; c'est l'opinion la plus vraisemblable. Nous allons voir que le nom de cette ville est porté sur des volumes de 1545 et de 1547.

Nous plaçons vers 1520 ou 1525 l'impression d'une *Liturgie* slovène dont

---

⁽¹⁾ *Der erste cetinjer Kirchendruck*, I, p. 6.

⁽²⁾ Акценти штампаних српско-словенских књига, dans le Гласник српског ученог друштва, XLIV (1877), p. 1-152; Акценти Троношкога Јеванђеља од 1512. године, *ibid.*, XLVII, p. 1-77.

⁽³⁾ Voir E. Golubinski, Краткій Очеркъ исторіи православныхъ церквей болгарской, сербской и румынской (Москва, 1871, in-8°), p. 357.

⁽⁴⁾ Voy. *Viața și Traiul sfinției sale părintelui nostru Nifonŭ, patriarhul Țarigradului, care aŭ strălucit între multe patemĭ și ispite în Țarigrad și în Țara Muntenéscă, scrisă de chir Gavriil protul, adecă maĭ marele Sfetagoreĭ*... (București, 1888, in-8°), p. 78.

⁽⁵⁾ *Ibid.*, p. 111, 121.

⁽⁶⁾ *Revista română*, I, p. 819.

l'Académie roumaine possède un exemplaire incomplet [1]. Ce volume, de format in-4°, est imprimé avec les gros caractères employés par Macaire en Valachie; il devait compter 280 feuillets, répartis en 35 cahiers dont le dernier n'est que de 6 feuillets [2].

A l'année 1535 appartient un *Oktoih* slovène, dont un exemplaire est conservé au monastère de Lavra, au mont Athos [3].

Undoljski [4] attribue aux presses valaques et rapporte à l'année 1537 un *Évangéliaire* slovène, in-folio, orné de figures sur bois, dont un exemplaire incomplet est conservé à Saint-Pétersbourg. Karatajev [5] est plus réservé et n'indique pas la patrie de ce volume. Il y relève seulement un écusson orné d'une croix qu'accompagnent deux épées, le tout surmonté d'une couronne. Ces emblèmes rappellent ceux que nous voyons dans les armes de Pierre Movilă, métropolitain de Kiev [6]. Par contre, la couronne pourrait faire penser à Brașov ou Kronstadt (lat. *Corona*), en Transylvanie, où Johann Honter introduisit la typographie en 1535. Il est donc prudent de ne rien affirmer. Un autre détail à noter, c'est qu'un des bois porte le monogramme du graveur, le moine Philippe.

Il faudrait pouvoir rapprocher de la notice de Karatajev la description que M. Hișdău a donnée d'un *Évangéliaire* slovène orné de figures sur bois, que le savant historien croit avoir été imprimé en Valachie vers le milieu du XVIᵉ siècle [7]. Il s'agit vraisemblablement du même livre.

Il est probable que divers fragments découverts dans les monastères roumains et qui n'ont pas été identifiés jusqu'ici appartiennent à cette première période de l'imprimerie roumaine; mais nous ne pouvons rien affirmer avant qu'un bibliographe érudit et soigneux ait pris la peine de les étudier.

Le 10 janvier 1545, et cette fois sous la rubrique de Tirgoviște, s'achève un *Molitvenik* dont la souscription nous révèle nombre de faits nouveaux [8]. On y voit que l'ouvrage a été imprimé par « Jean Pierre, grand voïévode et sei-

---

[1] Ce volume est coté A. 3578.

[2] Le titre manque à l'exemplaire cité. Le 2ᵉ f. commence ainsi : Иже бысткіхь. ѿца оуӓшє҃ го, Васи́лїа вели́кагѡ. Поо́уче҃ нїе къ їереѡ́мь... — On lit à la fin : Х҃с иконцъ ѱзачело҃ то́мѹ слава бѣкы бѣкѡ҃, ами́нъ.

[3] *Biserica orthodoxă română*, XIV, p. 230.

[4] Очеркъ славяно-русской библіографіи, n° 26.

[5] Описаніе, n° 28.

[6] Voir *Biserica orthodoxă română*, VII, p. 248.

[7] *Traian*, I (1869), n°ˢ 18, 20, 23, 27. Nous n'avons malheureusement pas cet article sous les yeux.

[8] In-4° de 296 feuillets non chiffrés, de 22 lignes à la page, imprimé en rouge et en noir. La bibliothèque de l'Académie roumaine possède de ce volume trois exemplaires, dont deux sont incomplets.

gneur de tout le pays de Hongro-Valachie et de Podunavie, fils du très bon et grand Radu, voïévode »; que l'impression a été exécutée par Moïse, le pécheur et le plus humble des moines, avec les caractères de Démètre Ljubavić; qu'elle a été commencée sous le métropolitain de Valachie Barlaam et achevée sous le métropolitain Ananie, dans la ville capitale de Tîrgovişte, l'an de la création 7053, de Jésus-Christ 1545, cycle solaire 25, cycle lunaire 4, racine de la lune 17, nombre d'or 7, indiction 3, le 10ᵉ jour du mois de janvier [1].

Cette souscription, que nous n'avons encore jamais vue reproduite, est de la plus haute importance. Tout d'abord, elle nous montre, et c'est un fait nouveau, que, vers la fin de 1544, Radu le Moine avait cédé le pouvoir à son fils Pătraşcu le Bon. Nous voyons ensuite qu'il existait alors en Valachie un atelier récemment monté par des artistes venus de Venise. En effet, Moïse n'est pas un inconnu; en 1535, il avait composé une *Pashalija* insérée dans l'*Oktoih* de Venise (1537 [2]), puis il s'était adonné à l'art typographique. En 1536, il avait imprimé un *Molitvenik* pour Božidar Vuković [3]; deux ans plus tard il avait assisté le même Božidar dans la publication d'un *Sbornik* [4]. Dans les souscriptions du *Molitvenik* et du *Sbornik*, le nom de Moïse est accompagné des mêmes épithètes; nous apprenons en outre qu'il était serbe, qu'il appartenait au monastère de Golemi Dečani [5], sur les confins de la Macédoine, et qu'il était originaire de Budimlja, près du monastère de Šudikova [6]. Quant à Démètre Ljubavić, qui avait fourni les caractères, il était sans nul doute parent de ce Georges Ljubavić mort à Venise, le 8 mars 1527, pendant l'impression d'un *Služebnik* [7]. Nous verrons plus loin que c'était un petit-fils de Božidar Vuković.

---

[1] Au rᵒ du dernier f. : Сего ради азъ бъхъ бга благовѣрныи | иѥтомъ храннмїи, писамодръжа | вьсии гподарь, їѡ петрь великыи | воевода. игподинь въ сои земаи | оуггровлахиской иподунавію. | Снъ прѣдѡбрагѡ ивеликагѡ | Радла воеводѣ . . . — Au vᵒ du dernier f. : Повелѣнїємь гпдара, їѡ петроу вели | каагѡ воеводѣ. азъ грѣшныи иминнии | всщенно инокъхъ моусеи. троудн | хсе ѡсемь писанию. съмладрами [съ модлами?] | димитра любавикга. ипачехъ | привь се ѡсщенномь митрополите влашкомь, кѵрь | варлаамѣ. а сьвръши | хъ привь се ѡсщё | инѡмь митрополите влашкомь | кѵр ананіе. ѡбъитїа вълѣто, зиг. а ѿро | ждьства хва, тисоща, фме. кроугъ | слнцоу, кё. лоу, д. ѳемелїе, зі. златѡ | число, з. индиктїѡ, г. лна, гё, і, дн. | Въ настолньій градъ трьгвище. — Voir le fac-similé ci-après, p. 197.

[2] Karatajev, Описаніе, n° 29, p. 84.

[3] *Ibid.*, n° 26, p. 79.

[4] *Ibid.*, n° 31, p. 93.

[5] Voy. Daničić, Рјечник из књижевних старина српских, 1863, I, p. 328.

[6] *Ibid.*, I, p. 85.

[7] Karatajev, Описаніе, n° 22. — L'impression de ce *Slažebnik* fut achevée le 1ᵉʳ juillet 1527, par Théodore, frère de Georges.

3.

Moïse était un mathématicien; aussi les impressions vénitiennes de 1536, 1537 et 1538 portent-elles des indications chronologiques très détaillées, comme le *Molitvenik* de 1545.

4. — *Molitvenik* de 1545, fol. 1 r°.

Le volume dont nous venons de parler se confond avec le *Trébnik* dont Kara-

5. — *Molitvenik* de 1545, fol. 296 v°.

tajev[1] décrit un exemplaire incomplet, qu'il place hypothétiquement vers 1535. On voit en tête du volume un fleuron aux armes de Valachie, autour

[1] N° 25, p. 77.

duquel on lit: Господинь въ Ха Ба благовѣрни и Бгомь храними самодрьжавни земли Оугровлахискіе Іѡ Петроу воеводѣ.

M. Odobescu [1] a donné un fac-similé du titre; c'est d'après lui que nous le reproduisons à la page 196. Une partie du texte est tirée en rouge.

Nous donnons aussi en fac-similé, à la page 197, le verso du dernier feuillet que M. Bianu a bien voulu faire photographier pour nous à Bucarest.

L'atelier de Tîrgoviște subsista sous Mircea, qui avait succédé à Pătrașcu en 1546. On y termina le 18 mars 1547 un *Apostol*, dont la souscription nous fournit quelques renseignements nouveaux. Nous y apprenons que ce volume a été exécuté « du temps de l'autocrate orthodoxe et protégé de Dieu, Jean Mircea, voïévode et seigneur de tout le pays de Hongro-Valachie et de Podunavie, fils du grand et très bon voïévode Radu ». L'imprimeur a été « le pécheur et le moindre entre les hommes, Démètre, logothète, petit-fils de Božidar [2] », assisté de ses disciples Oprea et Pierre. Le travail a été achevé le 18 mars de l'an du monde 7055, de Jésus-Christ 1547, la 27e année du cycle solaire, 6e du cycle lunaire, nombre d'or 9, indiction 6, racine de la lune 19, épacte 5; il avait été commencé le 18 août précédent [3].

Les caractères sont ceux que le logothète Démètre avait déjà employés en 1545:

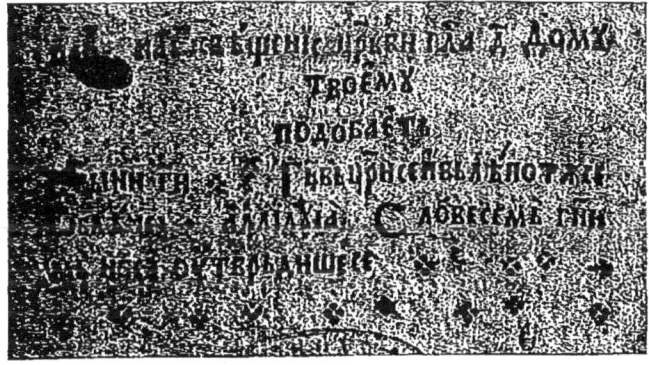

6. — *Apostol* de 1547, f° 268 v°.

[1] *Revista română*, I, p. 820.

[2] Le voïévode Božidar Vuković, originaire de Podgorica ou de Goražde, avait été contraint de fuir devant les Turcs; il s'était réfugié à Venise, où, de 1519 à 1536 ou 1538, il fit imprimer à ses frais une douzaine de livres d'église. Il mourut en 1540. Un de ses fils, Vincent Vuković, attacha de même son nom à diverses impressions, de 1546 à 1561. Voir Šafařík, *Geschichte der südslawischen Literatur*, III, 125, 126; Karatajev, nos 16, 17, 20-24, 26, 29, 31, 33, 36, 40, 42, 43, 47, 48, 60.

[3] Karatajev, n° 39.

Si nous mentionnons encore un *Oktoih* in-folio, dont on ne possède que des fragments et dont on ignore la date précise [1], nous aurons énuméré toutes les productions du premier atelier de Tîrgovişte qui ont été citées jusqu'ici.

Nous arrivons maintenant à une période troublée pendant laquelle l'Église valaque eut sans doute beaucoup à souffrir. Mircea, dont le nom accompagne l'*Apostol* de 1547, fut un prince féroce qui, dès le début de son règne, fit périr ceux des boïars qu'il croyait animés de sentiments hostiles. Beaucoup cherchèrent leur salut dans la fuite et passèrent en Transylvanie. Il est assez vraisemblable que les imprimeurs de Tîrgovişte furent en butte à des persécutions et n'eurent d'autre ressource que de se réfugier au delà des Carpates. En effet, l'imprimerie disparaît de la Valachie, où nous ne la verrons renaître qu'en 1634, et, par contre, elle se développe en Transylvanie.

II

IMPRIMERIE DE BRAŞOV (KRONSTADT)

EN TRANSYLVANIE.

L'art typographique fut introduit en Transylvanie par le réformateur Johann Honter. Celui-ci, qui était né à Braşov en 1498, avait étudié dans les universités de Cracovie, de Wittenberg et de Bâle. Au mois de janvier 1533, il revint dans sa ville natale avec un matériel d'imprimerie et y fonda une officine qu'il dirigea lui-même. Le premier livre sorti de ses presses qui soit cité par les bibliographes est un *Compendium grammatices latinae* daté de 1535. Il publia d'abord de petits traités pédagogiques, puis il mit au jour divers ouvrages de propagande religieuse [2], qui ne l'empêchèrent pas d'entretenir des relations amicales avec des prélats catholiques et d'avoir notamment une correspondance archéologique avec Antoine Verančić [3].

---

[1] Voir Karatajev, p. 113.

[2] Par exemple les suivants : *Reformatio Ecclesiae Coronensis in Transylvania ac totius provinciae Barcensis*, 1543. S. l., in-8°. — *Reformatio Ecclesiarum Saxonicarum in Transylvania.* Coronae, 1547. — *Die Hauptartikel des christlichen Glaubens wider den Bapst... Sampt dem Bekentniss des Glaubens D. Mart. Lu. Gedruckt zu Cron in Siebenbürgen.* 1548. In-8°. — Cf. Kertbeny [c'est-à-dire Benkert], *Ungarn betreffende deutsche Erstlings-Drucke*, 1880, p. 448.

Une liste, malheureusement trop sommaire, des ouvrages composés ou imprimés par Honter a été donnée par Fried. Teutsch (*Die siebenbürgisch-sächsischen Schulordnungen, mit Einleitung, Anmerkungen und Register herausgegeben*, I [Monum. German. paedag., herausgegeben von K. Kehrbach, VI]; Berlin, 1888, in-8°, p. XVII-XIX).

[3] Voir Hurmuzaki, *Documente*, II, IV, p. 403, 451.

Pour alimenter l'imprimerie de Honter, ses collègues Johann Fuchs, juge de la ville, et Johann Benkner, sénateur (autrement dit conseiller municipal), fondèrent une papeterie qui prit bientôt de l'importance et qui s'est maintenue jusqu'à nos jours [1].

Honter mourut le 23 janvier 1549; mais son œuvre fut continuée par Valentin Wagner, qui lui succéda comme pasteur et comme imprimeur, et surtout par Hans Benkner, qui, de 1547 à 1562, remplit douze fois les fonctions de maire de Brașov [2]. Benkner était riche et ce fut un Mécène. Il fit les frais de divers ouvrages publiés avec une pensée de propagande, et ne voulut pas que les Allemands et les Magyars de Transylvanie fussent les seuls à posséder les Écritures dans leur langue [3]; il eut pour les Roumains une pensée charitable. En 1559, il fit paraître un *Catéchisme* que l'on peut considérer, dans l'état actuel de nos connaissances, comme le premier livre imprimé en langue roumaine [4]. Il est fait mention de cette publication dans la chronique du pasteur saxon Simon Massa, lequel mourut en 1605 [5]. L'édition originale ne se retrouve plus aujourd'hui; mais M. Hișdău a publié, d'après un manuscrit, un texte qui paraît être la reproduction pure et simple de l'imprimé [6]. Il se pourrait qu'une édition slovène ait paru en même temps que l'édition roumaine [7].

Le *Catéchisme* ne comptait que quelques pages; mais c'était le prélude de travaux plus importants. Le 3 mai 1560, Benkner fit entreprendre un *Évangéliaire* roumain, dont l'impression fut achevée le 30 janvier 1561.

---

[1] L'histoire de cette fabrique de papier a été racontée par le comte Joseph Kemény dans le *Magazin für Geschichte, Literatur*, etc. d'Ant. Kurz, I, II (Kronstadt, 1844), p. 134-162.

[2] Comme juge ou maire de Brașov, Benkner se trouva plus d'une fois mêlé aux affaires de Valachie. Voir Hurmuzaki, *Documente*, II, 1, p. 295, 349.

[3] Les presses de Cluș (Kolozsvár, Klausenburg) commencèrent en 1550 à publier des livres magyars Voy. Szabó Károly, *Régi magyar Könyvtár*.

[4] Il a bien été question d'une première édition de ce Catéchisme qui aurait paru à Sibiŭ (Hermannstadt) en 1546 (voir Cipariu, *Analecte*, p. xix); mais, comme l'imprimerie ne fut introduite dans cette ville qu'en 1575, le fait ne peut être exact.

[5] « Eodem anno [1559] die 12. Martii, Johannes Benknerus, judex Coronensis, cum reliquis senatoribus, reformavit Valachorum ecclesiam et praecepta *Catechescos* discenda illis proposuit. » *Chronicon Fuchsio-Lupino-Oltardinum*, edit. Trausch (Coronae, 1847, in-8°), p. 61. — Fr. Ad. Lampe (*Historia Ecclesiae reformatae in Hungaria et Transylvania*; Trajecti ad Rhenum, 1728, in-4°, p. 102) cite un passage d'une lettre adressée à Bullinger, où il est dit : « Sunt in Transylvania viri pii doctique et linguarum periti qui catechismos ad Graecos, Thraces et Lithuanos sua lingua excusos miserunt. » Les « Thraces », ce sont les Roumains.

[6] *Cuvente den bătrănĭ. Cărțile poporane ale Românilor în secolul xvi...* (Bucuresci, 1879, gr. in-8°), p. 91-114, 724.

[7] Cf. Dobrowski, *Institutiones linguae slavicae*, p. xxxviij.

Mgr Timuș, actuellement évêque d'Argeș, et M. C. Erbiceanu ont eu la bonne fortune de découvrir un exemplaire complet de ce livre au monastère de Ciolan, dans le diocèse de Buzău. Ils ont pu constater que le texte roumain avait été revu et publié par Coresi, le diacre dont nous aurons maintenant à faire connaître tous les travaux, à la demande de Hans Benkner, juge de Brașov [1]. Les deux érudits roumains ont donné une réimpression de l'Évangéliaire; mais, comme cette réimpression est faite en caractères latins et n'est même pas accompagnée d'un fac-similé, elle est sans intérêt pour nos études [2]. Nous avons pu heureusement, grâce à l'obligeance de M. Bianu, nous procurer une photographie de la souscription, prise sur le précieux volume aujourd'hui conservé dans la bibliothèque de l'Académie roumaine; nous la reproduisons ci-après.

Hans Benkner ne se borna pas à faire imprimer les Évangiles en langue roumaine; il en donna aussi une édition slovène, dont on ne cite aucun exemplaire complet et dont la date exacte nous est inconnue [3]. Karatajev, qui cite cette édition après Dūrich, Dobrovský, Šafařík et Undoljski, la place à tort vers 1500 [4]. Pop, qui en mentionne un exemplaire conservé à Brașov même, lui assigne la date de 1562 [5]. Il est probable que l'impression fut dirigée par Coresi.

---

[1] On lit dans la souscription : Ку бєрѣ тѫтѫлꙋй шн кꙋ ажꙋторюль фїюлꙋй шн кꙋ сфрѫшитꙋль дꙋхꙋлꙋй сфѫть, ꙟзилеле мѫрїєн лꙋ ꙟѫнѫшь крѫй, єꙋ жꙋпѫнꙋл хѫнѫшь бегнерь де ꙟбрашовь амь ꙋбꙋть желѫнїє пентрꙋ сфꙟтєлє кѫрци крєщинєщн . . . шн кꙋ зиса жꙋпѫнꙋлꙋй хѫнєшь бегнерь. скрнсамь єꙋ дїакоиь коресн ѿ трѫговнщє. шн тꙋдꙋр дїакь. шн сꙋ ꙟчепꙋть ꙟплꙋнѫ лꙋ мѫй г̅ зїлє шн сꙋ сфрѫшить ꙟплꙋнѫ лꙋ генꙋарїє а̅ зїлє бѫлѫто з мїє ꙁ̅ꙉ ꙟчетѫтє ꙟбрашовь, c'est-à-dire : « par la permission du Père, avec l'assistance du Fils et le parachèvement du Saint-Esprit, du temps de sa Grandeur, le roi Jean, moi, le župan Hans Benkner, de Brașov, j'ai eu de l'affection pour les saints livres chrétiens... Et, par ordre du župan Hans Benkner, j'ai imprimé [ce livre], moi, le diacre Coresi, de Tîrgoviște, avec le lettré Théodore. Il a été commencé le 3 mai et terminé le 30 janvier de l'année 7079, dans la ville de Brașov ». On voit que Coresi s'était fait aider par un lettré appelé Théodore. Ce personnage nous est d'ailleurs inconnu.

[2] *Tetravanghelul diaconului Coresi, reimprimat dupĕ ediția primă din 1560-1561 de Arhiereul Dr. Gerasim Timuș Pitescianu, Decanul Facultăței de Theologie. Cu o Prefața de Constantin Erbiceanu, Profesor la Facultatea de Theologie.* Bucuresci, Tipografia Cărților Bisericesci, 1889. In-8° de xii et 232 p. — Des extraits sont donnés par Cipariu (*Analecte*, pp. 1-16).

[3] In-fol. de plus de 260 f. — Le nom de Benkner figure au début de la souscription : азь жꙋпань хѫнишь бегнерь ѿ брашєвь... La fin manque.

[4] Karatajev, n° 10.

[5] Pop, p. 12.

La typographie, après avoir disparu de la Valachie, faillit pénétrer en Moldavie sous le règne du fameux despote grec Jean Basilic. Cet aventurier, qui avait parcouru tous les pays de l'Europe, s'était instruit au contact d'une foule d'hommes distingués. Il avait été en relations amicales avec Melanchthon et avec plusieurs autres réformateurs; aussi les protestants se réjouirent-ils de son succès quand ils apprirent qu'il avait réussi à s'emparer du trône de Moldavie (novembre 1561)[1].

Quelques mois après l'avènement du despote, le baron slovène Jean Ungnad, qui consacrait sa fortune à propager les doctrines de Luther et qui entretenait de ses deniers l'imprimerie slave établie par Primož Truber à Tübingen[2], eut l'idée de se prévaloir des sympathies que Jean Basilic avait montrées pour la Réforme afin de répandre chez les Roumains la doctrine évangélique. Ungnad avait auprès de lui un Allemand de la Hongrie, déjà initié aux affaires orientales, Wolfgang Schreiber[3]; il le chargea d'une mission en Moldavie sur laquelle nous possédons les détails les plus circonstanciés.

Dans une note rédigée à Urach (Würtemberg) vers la fin d'octobre 1562, Wolfgang nous apprend qu'Ungnad avait écrit, dès la fin de juillet, une lettre au despote pour le prier de faire imprimer l'Évangile en roumain, car l'Évangile est le fondement sur lequel doit bâtir tout prince chrétien. Dans cette lettre, Ungnad disait qu'il avait publié des livres slaves en caractères latins, cyrilliens et glagolitiques; qu'il était prêt à publier de même des livres roumains, mais qu'il lui fallait des hommes instruits capables de l'aider. Si le despote voulait avoir une imprimerie à lui dans son pays, il pouvait envoyer un de ses serviteurs en Würtemberg, avec de l'argent, et l'imprimerie lui serait expédiée dans les meilleures conditions possibles[4].

Wolfgang, porteur de cette lettre, ne tarda pas à se mettre en route. Il était

---

[1] Voir sur le despote notre édition de la *Chronique de Moldavie* de Grégoire Urechi, p. 410-447.

[2] Sur Primož ou Primus Truber, voir Šafařík, *Gesch. der südslaw. Liter.*, I, p. 2-12; sur Ungnad, voir *ibid.*, p. 12-13.

[3] Wolfgang était originaire de Pécs (Fünfkirchen). On a de lui une relation de l'armée et des projets de sultan Soliman (*Kundschaftsnachrichten über Suleyman, sein Heer, seinen Anschlag Wien zu erobern, etc.*) Cette pièce, datée de Vienne le 12 septembre 1529, a été publiée par Hormayr dans son *Taschenbuch für vaterländische Geschichte*, 1827, p. 225-226. En 1553, nous voyons Wolfgang interrogé à Gratz par le nonce du pape sur les actes de frère Georges Martinuzzi qu'il avait pu connaître (*Magyar történelmi Tár*, I [1855], p. 247).

[4] « Wolter aber er Despott ain aigne Druckherey in sein Landt haben, sol er ainen Diener mit Gelt zu ime Herrn Ungnad schicken, so wöller er solche Druckherey aufs Pesst bekhumen und hinein den Despot schicken. » Hurmuzaki, *Documente*, II, I, p. 445.

Коврѣрѣ тат(ѫ)лон ши ко ажюторюль
Фïюлуй ши коу сфрѫшитуль Д(у)холуй
сфѫнт . Ази еле мѫриен ло ѫнѫшь
край . Еу жѫпѫноу Хѫнѫшь Бегнерь де
Мѫбрашовь амь авуть желание пентроу
сфѫтеле бѫрци крещинещи тетроевг .
ши амь скрись а честе сфѫнте бѫрци де
ѫвѫцѫтурѫ . сѫ фïе попилор рѫмѫнещи
сѫ ле цѣлѫ сѫ лѣце рѫмѫнïи чинескь
крещини . к(у)мь грѫѩще ши сфѫнтль
павель а(посто)ль кѫтрѫ коринтѣни д капе
те ѫ сфѫнта бесѣрекѫ май бине ѫ грѫи
чинчи кувинте ку цѣлесь декать . ï .
мïе девовните не цѣлесе ѫ лимѫ стрïи
нѫ . доп(ѫ) а ѣ ѫ врѫ ѫмь тоци сфеи
ци пѫринчи оаре владични оаре е(пис)к(о)пы
оаре попи . а зѫрѫ мѫнѫ га вени а ч
ст(и) бѫрци крещинещи комь маинте сѫ чи
тѣскѫ не четин дь сѫ ну ждече не сѫсь
домескѫ . ши ку з(и)са жѫпѫноу Хѫнѫш
ши Бегнерь . скрис амь еоу Дïѩкрь ко
деон Штрѫговище . ши Тудор дïак .
ши су ѫчепуть а луна лу мартï зиле ши
сау сфрѫшить а луна лу ген(у)арïе А зиле
в(ъ) лато ҂З мïе Ѯ(-) ѫ четате ѫ Брашовь .

muni de deux passeports impériaux, datés de Prague, le 29 septembre et le 5 octobre 1562. Il arriva à Suceava le 31 décembre [1], après avoir commis une double imprudence : il s'était d'abord arrêté en Transylvanie, pays hostile au prince de Moldavie, puis il s'était fait passer pour un ambassadeur chargé par l'empereur d'une mission extraordinaire [2]. Jean consentit à lui donner audience; mais Wolfgang se lança dans des divagations sur la situation de l'Empire, de la Pologne, de la Hongrie et de la Transylvanie, fit allusion à un projet de mariage pour le prince, et n'eut sans doute en réalité qu'à parler des impressions entreprises par Ungnad. La chose parut fort suspecte au despote, dont les affaires commençaient à se gâter. Il trouva très invraisemblable qu'un homme de quelque importance eût fait un aussi long voyage pour l'entretenir d'une question qui était du ressort des libraires. Il fit interroger Schreiber par l'agent impérial Gotthardt [3], lui demanda même un mémoire écrit [4], et, continuant à le considérer comme suspect, il le fit mettre aux fers, et l'envoya aux Turcs avec ses papiers. Il espérait ainsi toucher le sultan et obtenir son appui au moment où les Polonais le menaçaient.

Wolfgang fut mené à Constantinople et jeté en prison. Il trouva moyen de faire passer une requête à l'ambassadeur impérial, Albert de Wyss (4 février 1563); mais, malgré ses démarches, que de Wyss appuya, il ne recouvra

---

[1] Lettres de l'agent impérial Martin Gotthardt, dit *Litteratus*, apud Hurmuzaki, *Documente*, II, 1, p. 447, 449, 541.

[2] D'après Gotthardt, Wolfgang aurait dit qu'il avait été précédemment chargé d'une mission en Pologne, en Russie, en Transylvanie et en Moldavie (Hurmuzaki, p. 451). Ce voyage de Schreiber, sur lequel il serait bien curieux d'avoir quelques renseignements, avait sans doute pour but de vendre les volumes sortis des presses de Primož Truber.

[3] C'est Gotthardt qui rapporte tous ces détails : « Quibus auditis jussit nos una cum Paulo Zekelly, arcis sue Zochwa prefecto, eum adire et ex eo, serio principis nomine, querere num aliam aliquam legationem haberet praeter eam quam ei coram retulisset, que firmi praeter ea nihil continebat, quam quod diceret se de negotio typographiae cum certis hominibus Witembergae et alibi egisse, ut artem eam imprimendi characteres linguae sclavonicae seu servianae, quibus hic utuntur, huc introducere vellet, cujus etiam duos libellos Tübingae impressos atulerat, atque hanc adventus sui causam potissimum fuisse. Quod idem et nobis multis verbis narravit... Ubi domo egressi, Paulum Zekelly seorsum paululum abducens, ei in aurem dixit se habere adhuc alia et etiam de matrimonio, que cum solo principe loqui optaret. Cum quibus nos reversi ad principem ei eo modo omnia retulimus. Que audita ac sibi antea narrata omnia pro dubiis, confictis et suspectis habuit, asserens non sui officii fuisse negotia typographiae tractare, cum non desint mercatores et bibliopolae per quos, si sit opus, ipse possit talia sibi curare, et aliud sit typographum, aliud oratorem se appellare..... » Hurmuzaki, II, 1, p. 451.

[4] Ce mémoire, écrit en italien, est rapporté dans le recueil de Hurmuzaki (p. 453); il ne contient que des considérations politiques vagues et peu intelligibles.

la liberté que deux ans et demi plus tard [1]. Il y avait longtemps que le despote était tombé sous les coups d'Étienne Tomşa (5 novembre 1563).

La typographie ne pénétra donc pas en Moldavie; les Roumains durent encore, pendant plus d'un demi-siècle, recourir aux presses qui fonctionnaient en Transylvanie.

Les livres slaves et roumains imprimés à Braşov aux frais de Hans Benkner sont d'une telle rareté qu'on peut se demander s'ils n'auront pas été suspectés d'hérésie par le clergé orthodoxe et systématiquement détruits par lui. Il est probable que plusieurs des volumes dont Karatajev n'a pu donner que des descriptions incomplètes, sont des productions de cette ville, par exemple, le *Triod cvétnyi*, qui est exécuté avec les mêmes caractères que l'*Oktoih* de 1575, dont nous allons bientôt parler, et en tête duquel est le grand fleuron aux armes de Valachie qui orne déjà l'*Évangéliaire* de 1512 [2]; puis un *Pracsiŭ* roumain dont M. Gaster a donné des extraits assez étendus, d'après un exemplaire incomplet [3].

Il est même possible qu'on ait imprimé à Braşov des livres slaves et roumains autres que les recueils liturgiques. On trouve, par exemple, dans les comptes municipaux, qu'en 1569 on dépensa 6 deniers pour l'achat d'un calendrier destiné à l'ambassadeur moldave. M. Bărit, qui cite ce fait [4], en a conclu qu'il avait été imprimé alors un calendrier roumain. La chose est possible; mais le volume acquis par la ville pouvait aussi bien être écrit dans une langue slave, en grec, ou même en latin.

Braşov, située à la frontière valaque, peuplée de commerçants habiles et entreprenants, était en relations constantes avec les princes de Valachie. En 1573, Alexandre, fils de Mircea, n'ayant pas de presses dans ses États, envoya un pope à Braşov pour y acheter du matériel typographique [5]. Le pope s'acquitta

---

[1] Voir Hurmuzaki, *Documente*, II, 1, p. 418, 459, 460, 463, 468-472, 479, 516, 544. Ce n'est que le 7 août 1565 que de Wyss annonce la mise en liberté de Schreiber.

Malgré l'abondance des documents publiés dans le recueil de Hurmuzaki, il en existe encore d'autres aux archives de Vienne. C'est ainsi que notre ami M. Émile Legrand nous a communiqué une dépêche de de Wyss, en date du 18 février 1563, qui manque à la grande collection roumaine.

[2] Karatajev, n° 86, p. 188. — Ce volume laisserait supposer l'existence d'un *Triod postnyi*; cependant il paraît difficile d'en rapprocher le *Triod* que Karatajev décrit sous le n° 67, p. 152.

[3] *Chrestomathie roumaine*, I, p. 9-16.

[4] *Catechismulu calvinescu impusu clerului si poporului romanescu sub domni'a principiloru Georgiu Rákoczy I. si II* (Sibiiu, 1879, in-8°), p. 98.

[5] Le fait nous est révélé par les comptes municipaux de Braşov : 11 juin 1573. « Ein Popa kommen von Alexander Voda der Druc-

de la mission qui lui était confiée; mais il ne réussit pas, à ce qu'il semble, à ressusciter l'imprimerie à l'est des Carpates. C'est dans la ville transylvaine que fut exécuté en 1575 un *Oktoih* slovène dont Alexandre avait ordonné la publication. Ce volume, commencé le 26 janvier 1575, fut achevé le 23 août suivant, avec l'approbation d'Euthyme, métropolitain de Hongro-Valachie. L'éditeur fut le diacre Coresi, dont nous avons parlé plus haut [1]. Le fait que Coresi avait été chargé de ce travail par Alexandre permet de penser qu'il doit être confondu avec le diacre cité en 1573 dans les comptes de Brașov.

Pendant près de vingt ans Brașov avait été la seule ville de Transylvanie qui possédât une officine typographique; mais, en 1550, Gaspard Heltai avait introduit l'imprimerie à Kolozsvár (Cluș, Klausenburg), où il avait fait paraître des livres magyars, latins et allemands. En 1567, François David établit une presse à Belgrad (Alba Iulia, Gyulafehérvár ou Károlyfehérvár, Weissenburg ou Karlsburg), et y publia divers ouvrages magyars et latins [2]. Vers 1575, le prince Christophe Báthori fit imprimer dans cette dernière ville un *Évangéliaire* slovène dont il sera question plus loin.

Vers 1575 également une officine slavo-roumaine s'ouvrit dans une autre ville à Szász-Sebes (Sebeș, Mühlbach), où l'on transporta probablement le matériel de Brașov; mais, dès l'année 1580, l'imprimerie fonctionna de nouveau dans cette dernière ville. Un généreux Mécène, Lucas Hirscher, soutint l'atelier de ses deniers, comme l'avait fait précédemment Hans Benkner. Hirscher, juge de Brașov, appartenait à une famille riche, dont plusieurs membres avaient rempli d'importantes fonctions [3]. Lui aussi paraît avoir été entraîné par le désir de faire de la propagande religieuse.

---

kerei wegen, und vier Tage lang auf städtische Kosten verpflegt worden.» — 12 décembre même année. «Des Vladika Diaconus Buchdrucker selb, fünft, einem Press halben.» — G. Bărit, *Catechismulu calvinesca*, 1879, p. 99, d'après un article publié par M. E. de Trauschenfels dans le *Sächsischer Hausfreund*, 1874.

[1] Voir Karatajev. Описание, n° 85, p. 187.

[2] Voir Szabó Károly, *Régi magyar Könyvtár*, et un article du même auteur dans le *Mémorial de l'Exposition bibliographique hongroise* (*Könyvkiállitási Emlék*), 1882, p. 138, 142.

[3] En 1528, un premier Lucas Hirscher, juge de Brașov, est chargé d'une mission auprès du roi Ferdinand, avec Johann Benkner (mort avant 1534) et Johann Fuchs (Hurmuzaki, *Documente*, II, IV, p. 76); en 1540, le même Lucas est député auprès d'Étienne Majláth (*ibid.*, p. 264). En 1533 et 1534, Jakob Hirscher est juge de Brașov (*ibid.*, p. 45, 64); en 1535, il est chargé d'une mission auprès du prince de Valachie (*ibid.*, p. 87); en 1539, il est député en Moldavie (*ibid.*, p. 208). En 1540, Christian Hircher est envoyé successivement à Prazmar, en Moldavie et à Făgăras (*ibid.*, p. 265).

Hirscher fit paraître en 1581 un volume in-folio de 320 pages, intitulé : *Évangile avec commentaires* [1] et terminé par la souscription suivante :

Кáртъ че се кеⲙⲗⲙ ёѵⲗⲓ́е кȣ д̆въѵⲙ̃тȣрⲙ̃. де.ⲙ̆ тȣспа́трȣ ёѵⲗⲓⲥтїй аⲗѣ́сⲙ̃ ... ⲙ̆ ӑнїи ши ⲙ̆ зиⲗеⲗе мⲙ̃рїен ⲗȣ Ба́тⲙ̃рь Криштоⲃь, кȣ миⲗа ⲗȣ дȣмнезеȣ воеѓѡда̃ ⲙ̆ тоатⲙ̃ цара оѵгȣрѣскⲙ̃, ши ⲙ̆ ардѣⲗь, ши ⲙ̆ то́ци сѣкȣии. ши ⲙ̆ зиⲗеⲗе марелȣи де дȣмне зеȣ лȣминáть áрхїепкопȣⲗȣи Ѓенáдїе, чеȣ фость спре тоть деспоѵсȣⲗь мⲙ̃рїен ⲗȣи ... Ато́ѵнче ѐрa̍ деспȣнтóрю ⲙ̆тоа́тⲙ̆ ца́ра роѵ мⲙ̆нѣскⲙ̃ боѵнȣⲗь крештинь ши дȣѵⲗче Ми́ⲭнѣ воеѓѡда̃, ши спре деспоѵсȣⲗь доⲙнїен ⲗȣи крⲙ̃мȣитóрю ⲗеѵїен крештине ма́реⲗе Ѓе рáфиⲙь áрхїепкȣпȣⲗь ... ёȣ жȣпⲙ̃нȣⲗь хрⲙ̃ жиⲗь Лоѵкачь жȣдеѵȣⲗь брашоѓȣⲗȣи, ши а тоть цинȣтȣⲗь Брѣсен, желȣии ши деде де ⲗе типⲙ̃рïи, ⲙ̆ ⲗа́ȣда тáтⲙ̃ⲗȣи, ши фїюⲗȣи. ши дхȣⲗȣи сфнть. ⲙ̆ четáтъ цинȣ- тȣⲗȣи доⲙнїен мѣⲗе ⲙ̆ Брашóѓь. ши сеȣ ⲙ̆чепȣ́ть ӑчáстⲙ̃ кáрте ⲙ̆ се типⲙ̃ри. ⲗȣпⲙ̃ ⲙ̆трȣпáрѣ фïюⲗȣи ши коѵѓⲙ̃нтȣⲗȣи ⲗȣ дȣмнезеȣ, ⲗа ѡ мïе фп. ӑ ѡбитїа, знп, ⲙ̆ ⲗȣна ⲗȣ декемврïе. а̃ɪ [14] днь. ши сеȣ сⲙ̃вⲙ̃ршить лоѵкрȣⲗь, ⲗа ѡ мïе фп̃а. а ѡби тïа, зпⲋ̃. ⲙ̆ⲗȣна ⲗȣ юнïе, ки днь.

Le livre appelé Évangile avec commentaires, extrait des quatre évangélistes..., dans les années et dans les jours de Son Altesse Christophe Báthori, par la grâce de Dieu, voïévode de tout le pays hongrois, de la Transylvanie et de tous les Sicules, et dans les jours du grand archevêque, éclairé de Dieu, Gennadius, qui fut tout dévoué à Son Altesse... Alors était maître de toute la Valachie le bon chrétien et doux voïévode Mircea, et, sous son obéissance, le grand archevêque Séraphin, gouverneur de la religion chrétienne... Moi, le župan Lucas Hirscher, juge de Braşov et de tout le pays de Birsa, j'ai voulu les faire imprimer à la gloire du Père, du Fils et du Saint-Esprit, dans la ville de ma seigneurie, Braşov. Et l'on a commencé à imprimer ce livre l'an 1580 de l'incarnation du Fils et du Verbe de Dieu, 7088 de la Création, le 14 du mois de décembre; et le travail a été achevé en l'an 1581, 7089 de la Création, le 28 juin [2].

Le volume est précédé d'un frontispice aux armes de l'éditeur, dont l'ornementation, toute allemande, tranche singulièrement avec le style ordinaire des livres slaves.

Il est dit dans la préface que Lucas Hirscher, animé d'un zèle pieux, a trouvé l'original de ce livre à Tirgoviste, chez le métropolitain de Valachie Seraphim, et qu'il en a obtenu communication à force de prières; qu'il a pris conseil du

---

[1] Voir Pop, p. 14; Cipariu, *Analecte*, p. 30-45; Melchisedec, *Chronica Huşilor*, 1869, II, p. 31-36.

[2] On remarquera que, pour l'imprimeur de Braşov, le 14 décembre 1580 correspond à 7088 et non 7089 et que, par conséquent, il fait commencer l'année au 1ᵉʳ janvier, non au 1ᵉʳ septembre.

8. — Frontispice de l'Évangile avec commentaires de 1581.

métropolitain de Transylvanie Gennadius, et qu'il a remis l'ouvrage au diacre Coresi, qui était particulièrement habile pour ce genre de travaux (« ce era meșter învățat într' acest lucru ») pour le traduire de serbe en roumain. Coresi s'est fait aider par les prêtres de l'église de Scheï, près de Brașov, le pope Jean et le pope Michel.

9, 10. — Initiale et fleuron employés dans l'*Évangile avec commentaire* de 1581 [1].

Hirscher était un protecteur généreux; Coresi et ses auxiliaires furent les traducteurs et les imprimeurs; quant à l'impression, il est probable qu'elle fut exécutée dans l'atelier qu'exploitait Georges Greus, sous la direction de Mathias Fronius [2]. C'est de cet atelier que sortirent en 1583 les *Statuta der Sachsen in Siebenbürgen* [3].

Ici s'arrêtent les impressions roumaines de Brașov. M. Iarcu dit, à la vérité, que, en 1588, Șerban Coresi, fils du diacre, imprima dans cette ville une

[1] La couronne employée comme fleuron fait allusion au nom de la ville de Brașov : Kronstadt, Corona, Στεφανόπολις.

[2] Greus était un simple typographe; mais Fronius était un personnage important. Né à Brașov en 1522, il avait étudié à Wittenberg (*Magyar történelmi Tár*, VI, 1859, p. 219); il était devenu recteur, puis notaire de la ville et sénateur (1569-1573); il mourut en 1588. Voir Kertbeny [Benkert], *Ungarn betreffende deutsche Erstlings-Drucke*, 1880, p. 423.

[3] L'exemplaire de notre volume qui est conservé à Scheï porte en monogramme les lettres M F, qui sont les initiales de Mathias Fronius et de Michel, son fils. On lit au-dessous de ce monogramme la note suivante: « Anno 1630. die 25. Maij, haben ich [und] Martha Benknerin, hinterlassene des wohlseligen Herrn Michaelis Fronii in die wallachische Kirch das Buch verehrt zum ewigen Gedechtniss, damit vieleicht die Abgöttischen zur wahren Erkentniss des Herrn Jesu Christi mögen dadurch bekert werden. Jo. Hirscherus. » Pop, p. 5. — On voit par la note qui précède que les familles Benkner, Fronius et Hirscher étaient étroitement alliées.

Liturgie slovène [1]; mais cette indication, qui n'a rien de précis, provient sans doute d'une confusion avec la *Palia* d'Orăștie, 1582. Aucun bibliographe ne cite de livre imprimé à Brașov en 1588, et nous ne connaissons aucun volume roumain qui y ait été exécuté entre 1581 et 1801.

III

PREMIÈRE IMPRIMERIE DE BELGRAD
(ALBA IULIA, WEISSENBURG, KARLSBURG, KÁROLYFEHÉRVÁR OU GYULAFEHÉRVÁR).

La ville de Belgrad en Transylvanie, qui fut la résidence favorite de Jean-Sigismond Zápolya et des Báthori, reçut la typographie en l'année 1567. Son premier imprimeur fut un gentilhomme polonais, Raphaël Skrzetuski, dit « Hoffhalter », qui après avoir vécu en Hollande, puis en Suisse, s'était établi à Vienne vers 1555, et y avait fondé une officine de concert avec Kaspar Kraft, d'Elwangen, ancien fondeur de caractères. Jusqu'en 1563, Hoffhalter exerça à Vienne, puis il disparut, obligé sans doute de quitter la ville pour cause de religion [2]. En 1565 nous le retrouvons à Debreczen [3], puis à Nagyvárad (Grosswardein, Oradea mare) [4] et enfin à Belgrad [5], où il porte le titre d'imprimeur du roi, et où il meurt en 1568 [6].

Le fils de Raphaël, Rudolf Hoffhalter, débute vers 1568 à Nagyvárad (1568-1570?) [7]; en 1573 et 1574, il est à Alsó-Lindva [8], puis il passe à Debreczen (1577-1584) [9], revient à Nagyvárad (1584-1585) [10] et retourne à Debreczen (1586-1590) [11]. Belgrad, abandonné par lui, avait pourtant conservé la typographie royale. Le ministre Étienne Császmai, en fut nommé

---

[1] Iarcu, *Bibliografia chronologică*, p. 1, en note.

[2] Voir Mayer, *Wiens Buchdruckergeschichte*, I (1883, in-4°), p. 86-94, etc. — En 1557, Gall Huszár, ministre de l'église d'Óvár, écrit, de Vienne, à H. Bullinger : « Quicquid autem tua charitas ad nos responderit, sua scripta mittat ad Raphaelem Hofhalter, typographum viennensem. Ipse enim ea nobis administrabit. » Voir F. A. Lampe, *Historia Ecclesiae reformatae in Hungaria et Transylvania*, 1728, p. 115.

[3] Szabó Károly, *Régi magyar Könyvtár*, n°s 55, 56.

[4] Szabó Károly, *Régi magyar Könyvtár*, n° 58.

[5] *Ibid.*, n°s 61, 62, 65-68; Mayer, I, p. 90.

[6] La veuve de Raphaël paraît dès l'année 1568. Voir A. Mayer, I, p. 90.

[7] Szabó Károly, *Régi magyar Könyvtár*, n°s 69, 83.

[8] *Ibid.*, n°s 96, 97, 114.

[9] *Ibid.*, n°s 123, 151, 152, 163, 164, 179, 186-194, 202, 203, 206.

[10] *Ibid.*, n° 215, 217.

[11] *Ibid.*, n°s 218, 220, 221, 225, 232, 233.

inspecteur[1], et le maître d'école Grégoire Wagner en fut le directeur effectif[2]; mais ces deux personnages appartenaient à la secte des sociniens ou unitaires, et ils ne craignirent pas d'attaquer avec la dernière violence le dogme de la Trinité; aussi Étienne Báthori introduisit-il la censure par une ordonnance datée du 27 septembre 1571 [3]. M. Szabó ne cite aucun livre magyar imprimé à Belgrad entre 1569 et 1619; mais il n'est pas douteux que plus d'un ouvrage écrit en magyar ou dans une autre langue n'y ait vu le jour pendant ces cinquante ans. En ce qui concerne les Roumains, un *Évangéliaire* slovène, à eux destiné, sortit vers 1575 des presses de Belgrad. M. J.-C. Jireček dit avoir vu à Bracigovo (Roumélie orientale) un exemplaire de ce rare volume, à la fin duquel on lit :

Повелѣнїемь велкаго воеводѫ гатірь [sic] крищóбь азь лѵринцѣ дїакь. троуанх ся о семь й пспиcaх книгн сіе. Глемїн тетроеуаіе въ лѣто з гыcящь п. почеше ся сіе книгы мcѧ феврѵaрїе. ве. дль й събръшише ся мcѧ май .si. днь въ градь Бѣлгра.

Par ordre du grand voïévode Christophe Báthori, moi, Laurent, lettré, j'ai fait cet ouvrage et j'ai imprimé ces livres appelés les Quatre Évangiles, en l'année 7080 (1572). Ces livres ont été commencés le 25 du mois de février et ont été achevés le 25 du mois de mai dans la ville de Belgrad [4].

Il y a ici dans la date une erreur évidente, puisque Christophe Báthori ne devint prince de Transylvanie qu'en 1575, alors que son frère Étienne remplaça Henri de Valois sur le trône de Pologne. Il mourut en 1581. C'est donc entre ces deux dates que Laurent a dû imprimer son Évangéliaire.

Il nous faut attendre jusqu'à 1641 pour voir paraître à Belgrad un livre roumain. Nous parlerons dans une autre étude des impressions du xviie siècle.

IV

IMPRIMERIE DE ȘEBEȘ (SZÁSZ-SEBES, MÜHLBACH).

Les Luthériens de Brașov ne furent pas les seuls à se préoccuper de faire imprimer des livres destinés à fortifier et à relever la foi religieuse chez les populations appartenant à l'Église d'Orient. Ils eurent des émules chez les

---

[1] En 1568 Császmai publie un volume portant encore le nom de Hoffhalter. Szabó, n° 67.
[2] Voir Szabó, n° 74.
[3] Voir *Transilvani'a*, VII, 1874, p. 179.
[4] *Archiv für slavische Philologie*, VIII, 1885, p. 132.

Luthériens du pays des Sicules. M. Cipariu [1] a donné, d'après un exemplaire malheureusement incomplet, des extraits d'une *Explication des Évangiles* (*Tîlcul Evangheliilor*) à la fin de laquelle on lit : « J'ai mis au jour par l'impression un *Évangéliaire* et une *Pravilă* en langue roumaine. Ensuite, quand j'ai vu que beaucoup de prêtres réclamaient une Explication des Évangiles, afin de pouvoir prêcher et dire aux hommes le sens de l'évangile qu'ils ont lu, j'ai trouvé ces commentaires, etc. Le sieur Nicolas Forró a bien voulu fournir l'argent pour cette entreprise [2]. »

On voit par cette souscription que l'ouvrage a été publié par Coresi (puisque lui seul avait donné une édition de l'*Évangéliaire*). On y voit également que le même éditeur avait mis au jour une *Pravilă*, c'est-à-dire un recueil de droit canonique. Cette *Pravilă* ne se retrouve plus aujourd'hui; mais l'édition de Govoara, 1640, dont nous parlerons plus loin, paraît en être une simple copie.

Il nous reste à parler de Nicolas Forró. Ce personnage appartenait à une famille sicule dont les membres figurent dans l'histoire dès le XIIIe siècle [3] et qui a fourni au XVIe siècle plusieurs hommes de marque [4]. Lui-même avait joué un rôle important en 1562. A l'instigation d'Éméric Balassa et d'Antoine Székely, il avait, avec Nicolas Valkai, poussé les Sicules à la révolte. Il avait été l'âme d'une conspiration qui ne tendait à rien moins, à ce que l'on dit alors, qu'à livrer la Transylvanie à Ferdinand. Le projet échoua, Nicolas fut condamné à mort, mais il échappa par miracle au dernier supplice [5]. Il est

---

[1] *Analecte*, pp. 16-29.

[2] « Дмь скось [де амь типърй]ть третеєвангелоγл҃. шй пра[вила? рγлѫ]нѣціе ⁘ дѹпѫ ачѣа амь [вѣзѹть же]лайтеа а мѹлци преѹци: де тълкоγл єѵаѓилашр' коγм съ поатъ шй єй проповедѹй, шй а спѹне шаменилшр' ꙗвъцѹгѹрѫ дѹпѫ четйтоγл єѵаѓіей, ашѫ амь афлать ачесте тълкѹре але єѵаѓилашр'... кел чѹгь шй бйній пре ачесть лѹкрѹ җилдѹрать•сѹѹ ада жѹпѫноγль Форо́ Миклѫшь. »

[3] Voir dom Maurice Czinár, *Index alphabeticus Codicis diplomatici Hungariae*, 1866, p. 155.

[4] Michel Forró, chanoine de Belgrad, ou Alba Iulia, cité en 1531 (Hurmuzaki, *Documente*, II, IV, p. 2); Jean Forró, que nous rencontrons en 1581 (*Magyar történelmi Tár*, VIII, 1861, p. 224) et en 1594 (voir Wolfgang de Bethlen, *Historia de rebus transsylvanicis*, III [1785], p. 415, 463, 472). — D'autres Forró se distinguèrent au XVIIe siècle, par exemple : Georges Forró, jésuite, mort le 18 octobre 1642 (Horányi, *Memoria Hungarorum et provincialium scriptis editis notorum*, 1775, I, pp. 696-698); Paul Forró, noble magyar, humaniste et poète, cité en 1619 (voir Szabó Károly, *Regi magyar Könyvtár*, n° 485).

[5] Wolfgang de Bethlen rapporte qu'Étienne Báthori, qui avait dévoilé la conspiration au roi Jean-Sigismond, obtint pour Valkai la vie sauve, et que Forró parvint à s'échapper, à la faveur d'un tumulte populaire, alors qu'on le conduisait au supplice (*Historia de rebus transsylvanicis*, II [1782], p. 17-19). Istvánfi raconte

probable qu'il vécut alors dans la retraite et se consacra aux pratiques religieuses. Nous ne pouvons préciser ni la date, ni le lieu d'impression du recueil de sermons dont nous venons de parler. Il serait grandement à souhaiter que l'on en découvrît un exemplaire dont le titre se serait conservé. Nous pensons que le volume aura été imprimé vers 1575, à Szász-Sebes. D'après M. Cipariu, les caractères sont semblables à ceux de l'Évangéliaire de Braşov,

11. — *Psautier* slovène imprimé à Szász-Sebes en 1573 (f° 172).

1561. Si donc notre supposition est fondée, il faut admettre que le matériel employé à Szász-Sebes provenait de Braşov [1].

Nous sortons maintenant du domaine des hypothèses et nous trouvons un volume portant le nom de la ville. Les bibliographes magyars ne l'ont pas connu, et ne font pas figurer Szász-Sebes parmi les localités ayant possédé des

au contraire que les deux conspirateurs reçurent sur l'échafaud même des lettres de grâce (*Historiarum de rebus ungaricis Libri decem*, 1622, p. 420.)

[1] M. Gaster (*Chrestom.*, I, p. 22) attribue comme nous le *Tîlcul Evangheliilor* aux presses de Szász-Sebes; mais il n'a pas vu le volume et ne le connaît que par Cipariu.

presses au XVIe siècle. Le volume que nous avons en vue est un *Psautier* slovène, publié par Coresi en 1577. Longtemps on a ignoré la provenance de ce Psautier que Šafařík n'avait pu décrire que d'après un exemplaire incomplet; mais un exemplaire, qui possède le titre, a été découvert au monastère de Hilandar, et l'on y lit en toutes lettres le nom de Sebeş [1]. L'éditeur est encore Coresi; mais, cette fois, l'édition a été faite, non plus aux frais de Nicolas Forró, mais par ordre du prince de Valachie Alexandre, fils de Mihnea. Nous donnons ci-contre la reproduction des dernières lignes de ce précieux volume. Les caractères sont les mêmes que ceux du *Molitvenik* de Tîrgovişte, 1545, et ceux de l'*Apostol* imprimé dans la même ville en 1547. On remarquera le fleuron orné de l'aigle valaque.

Dans le cours de la même année 1577, Coresi fait paraître un *Psautier* roumain, qui a dû être également imprimé à Szász-Sebes, bien que les caractères diffèrent de ceux dont nous venons de parler. Ce Psautier, qui a longtemps passé pour être le premier livre publié en langue roumaine, est un ouvrage très important, et nous avons la chance d'en posséder une bonne reproduction [2]. Le malheur veut qu'aucun des exemplaires connus n'ait conservé le titre; mais nous donnons ci-après un fac-similé de la dernière page [3].

Un *Évangéliaire* slovène daté de 1579 et qui est signé de Coresi et d'un second éditeur, Manuel [4], doit sortir également des presses de Szász-Sebes [5], bien qu'il soit imprimé avec les caractères de l'*Évangéliaire* slovène de 1561. Šafařík [6] attribue également à Coresi un *Triod postnyi*, dont nous ne connaissons pas la date précise, mais qui reproduit avec quelques modifications l'édition vénitienne de 1561. L'aspect général de ce volume, que nous avons vu à Prague, nous porterait à le considérer comme plus récent.

Nous aurons achevé l'énumération des livres imprimés à Szász-Sebes si nous mentionnons encore un *Sbornik* ou *Minej prazdnicnyj* publié par Coresi, avec

---

[1] Гласник српског ученог друштва, XLIV, p. 255. — Karatajev, Описаніе, n° 91.

[2] *Psaltirea publicată românesce la 1577 de diaconulŭ Coresi, reprodusă cu unŭ studiŭ bibliograficŭ şi unŭ glosarŭ comparativŭ de B. Petriceicu-Hasdeŭ. Ediţiunea Academiei române. Tomulŭ I. Textulŭ.* Bucurescĭ, Tipografia Academieĭ române, 1881. In-4°, avec 66 p. en fac-similé.

[3] Ce cliché est un de ceux qui ont servi à l'édition de M. Hişdău; il nous a été prêté par l'Académie roumaine.

[4] La souscription porte : азъ дїаконь корєси, йматижилѫ, etc. Plusieurs auteurs ont cru qu'il n'était fait mention ici que d'un seul personnage appelé Emmanuel Coresi.

[5] In-folio de 206 feuillets, Karatajev, Описаніе, n° 93.

[6] *Gesch. der südslav. Lit.*, III, p. 280. Cf. Karatajev, n° 95.

12. — Psautier roumain imprimé à Szász-Sebes en 1577 (v° du dernier f.).

l'approbation du métropolitain de Transylvanie Gennadius, en 1580. Ce volume, qui compte 451 feuillets in-folio, reproduit le *Minej* donné par Božidar en 1538 [1]; il est imprimé avec les caractères du *Psautier* slovène de 1577.

La bibliothèque publique de Saint-Pétersbourg possède un fragment d'un *Évangéliaire* qui mérite d'être examiné de près. Le volume, imprimé dans

---

[1] Musée bohème, 64. B. 6. Cf. Šafařík, *Gesch. der südslaw. Lit.*, III, p. 280; Karatajev, n° 99.

le format in-folio, contenait, sur deux colonnes, un texte slovène et un texte roumain D'après M. Karatajev, les caractères sont presque semblables à ceux qui ont été employés en 1579 pour l'impression de l'*Évangéliaire* slovène de Coresi; aussi le bibliographe russe a-t-il placé hypothétiquement vers 1580 le fragment dont nous parlons. Sans être en mesure de nous prononcer, nous pouvons dire que le texte roumain dont Karatajev cite un passage diffère sensiblement du texte correspondant contenu dans l'*Évangéliaire* imprimé à Brasov en 1560 [1].

Il se peut que l'Évangéliaire bilingue soit sorti des presses de Szász-Sebes; il se peut qu'il appartienne à une autre typographie; nous ne le citons ici que sous toutes réserves. Nous ne connaissons aucun volume slave ou roumain imprimé dans la ville de Szász-Sebes entre 1580 et 1683, date du *Sicriul de aur* de Ioan din Vinți.

V

IMPRIMERIE D'ORĂȘTIE (SZÁSZVÁROS, BROOS).

La ville d'Orăștie, peu éloignée de Szász-Sebes, n'est pas citée par les auteurs qui ont étudié l'histoire de la typographie en Hongrie [2]; or une imprimerie y fonctionna en 1582. Cette officine devait son existence à un grand seigneur hongrois, François Geszti, qui, après avoir longtemps pris part aux guerres qui désolèrent le royaume, avait reçu en don, en 1581, de son pa-

---

[1] Voici quelques lignes des deux textes en transcription latine :

Матн., XV, v. 21.

Évangéliaire de 1561.

În vrémea acéea vine Isus în laturea Tirului și Sidonului. Și adecă muérea dein Hananeiŭ dein hotarăle acelea eși și strigă cătră el; grăi : « Miluiaște-mă, doamne, fiiul lu David, că fata mea rău să drăcéste. » El [nu] răspunse ei cuvint. Și să apropieară ucenicii luĭ, ruga-l și grăiea... »

Évangéliaire slavo-romain.

Întrʼ aceia vrémia vine Isus în parțile Tyruluĭ să [*lis.* și] Sinonuluĭ [*lis.* Sidonuluĭ]. Iaca muiare den Hananeĭ den tenuture cele [...] vine să [*lis.* și] strigă catrʼins greind : « Miluiaște me, doamne fiiul luĭ David, că fatame rău de dracul pate. » Iară el nu răspunse ci nece un cuvint. Apropiarăsă ryceniciĭ [*lis.* uceniciĭ] lui, rugăndu-l grăiră... »

M. Sîrcu, professeur à l'Université de Saint-Pétersbourg, nous a dit récemment qu'il avait publié, vers 1875, dans le Журналъ министерства народнаго просвѣщенія, un article sur le fragment qui nous occupe; nous n'avons pas retrouvé cette étude dans la collection, malheureusement incomplète, de la Bibliothèque nationale.

[2] Orăștie (ou Szászváros) et Szász-Sebes sont tous deux des chefs-lieux de « siège ». La première de ces villes est située au sud-ouest de la seconde, à quelques kilomètres au sud du Maros.

rent Sigismond Báthori, la ville de Déva, chef-lieu du comitat de Hunyad [1]. Orăștie, qui se trouve à moins de 40 kilomètres à l'est de Déva, appartenait sans doute aussi à Geszti. Les typographes qui s'y installèrent venaient selon toute vraisemblance de Szász-Sebes ; mais le matériel qu'ils apportaient avec eux était nouveau. Il firent paraître, le 14 juillet 1582, les deux premiers livres d'une *Palia*, c'est-à-dire d'un recueil de récits bibliques, mêlés de légendes apocryphes. Ce volume, imprimé en très gros caractères, compte 176 feuillets non chiffrés, de format in-folio. Il se termine par la souscription suivante :

Кȣ мила лȣи дȣмнезѣȣ ши кȣ ажȣтó-рюль фїюлȣи ши кȣ съвършитоул дхулуи сфнть. Еȣ Тордáшь Михáю áлѣсь Пископȣл рȣмѫнилорь жн áрдѣл : ши кȣ Херче щефань. проповедȣиторюль ѵлиен лȣ Хс жн ѡрашȣл къвъран Шевѣшȣлȣи Заáнь. Ефрѣм даскалȣл де дъскълѣ. а шевѣшȣлȣи, ши кȣ пецишѣл Мѡѵси, проповедȣиторȣл Евангелїен жн ѡрашȣл логóжȣлȣи ши кȣ акѣрѣ потропопоȣл кармежнен Хенедóрїен цинȣцм жнтрȣна пентрȣ желáнїе скриптȣрѣен сфите, къ възȣмь коуѵм тóате

Par la grâce de Dieu et avec l'aide du Fils et le parachèvement du Saint-Esprit, moi, Michel Thordási [2], élu évêque des Roumains de Transylvanie, avec Étienne Hercse [3], prédicateur de l'Évangile du Christ dans la ville de Caransebes, Éphrem Zakán, maître de l'école de Sebes, Moïse Pestisel, prédicateur de l'Évangile dans la ville de Lugoș, et Achir, protopope du comitat de Hunyad, nous sommes réunis en vue de propager l'Écriture sainte, car nous avons vu que toutes les langues les ont et s'épanouissent dans les glorieuses paroles de Dieu, et que nous seuls, Roumains,

---

[1] « Franciscus Geszti, Sigismundo Báthoreo ex materna linea sanguine junctus, ex Hungaria in Transsylvaniam venit et arce Déva donatur. » Wolfgang Bethlen, *Historia de rebus transsylvanicis*, ed. secunda, II, p. 455.

[2] Michel Thordási était en réalité un dignitaire de l'église luthérienne. Ce devait être le fils ou le neveu de ce Paul Thordási, nommé par Jean-Sigismond en 1569 évêque des Roumains de Transylvanie, à la place d'un moine (dont nous ne savons pas le nom) qui avait refusé d'accepter les doctrines de la Réforme. Un acte de 1569 donne à ce premier dignitaire le titre de surintendant : « Paulus Thordási, *superintendens* ecclesiarum valachicalium » (J. Heitz, *Geschichte des Bisthums der griechisch nichtunirten Glaubensgenossen in Siebenbürgen*; Hermannstadt, 1850, in-8°, p. 19). Jean-Sigismond lui avait abandonné une maison située à Lamcrem (magy. Lámkerék; all. Langendorf), dans le siège de Szász-Sebes, maison précédemment occupée par le moine resté fidèle à l'église d'Orient. Voir Cipariu, *Acte și Fragmente latine romănesci pentru istori'a besericei romane*; Blasiu, 1855, in-8°, p. 272 ; *Archiva*, 1868, p. 278 ; Popea, *Vechi'a Metropolia ortodosa romana a Transilvaniei* ; Sabiniu, 1870, in-8°, p. 71.

[3] Il faut probablement reconnaître dans ce personnage le prédicateur Étienne Herczégh (Herczégh István) qui en 1604 introduisit la réforme à Kassó (Kaschau, Cassovia), d'accord avec le Silésien Johannes Bocatius, maire de la ville. Voir A. Fabó, *Monumenta Evangelicorum aug. conf. in Hungaria historica*, II (1863), p. 196.

лимбиле ау шй .ꙗнфлуѫрескь .ꙗнтру кубьинтеле слѫбите а лу думнезеу, нумай нои румѫнїи пре лимбѫ ну авемь. пентру ачеѧ ку маре муѫкѫ скоасем дин лимбѫ жидовѣскѫ, шй гречаскѫ, шй сърбѣскѫ пре лимбѫ румѫнѣскѫ, е, кѫруи але лу Мѡѵсн пррѡкул. шй патру кѫрци че се кемѫ црства. шй алци пррочи кѫува. шй ле дѫруйм боѵ фрацилор румѫни...

Де ꙗ мила лу думнезеу ꙗн зйлеле лу Батьрь Жигмунь вшибодѫ ардѣлулуй : дѫруйм дѣн ачесте кѫруи скрис а ностре честе доѵ де ꙗтѫню Битїе, шй Йсхѡдь. челуй дѡмнь де стѧгь шй вестить витѣзь Гести фрѣнци алесу Житноцю ардѣлулуй шй цѫрꙗи унгуреши. лѫкуитѡрю ꙗн дева кум ачесте доѵ кѫруи съ фїе пѫргѫ пѫнъ думнезеу ва шй алалте типѫрй шй скоате. шй мѫрїа лу Гести фрѣнци фу ку тѡт аютѡрюль шй леу скрис ꙗн келтуꙗлѫ моу ꙗть. Шй ку алци ѡамени вуни ꙗнкѫ лѣꙗнгѫ сине шй леу дѫруйть боѵ фрацй румѫнилорь. пентру ачеѧ руꙋаци пре думнезеу. прꙋꙗнтру мѫрїе лун. де ꙗн мила лун думнезеу еу шербань дїаку мешерул маре а типарелорь шй ку марѣнь, дїакь дꙋꙗндꙋ ꙗн мѫна ноастрѫ честе кѫруи четиндь шй не плѫкурѫ, шй лемь скрись боѵ фрацилюр румѫни, шй ле четицй къ веци афлѫ ꙗнтру але мѫргѫритарю скумпу шй вистїерю несфѫршить. куноашевеци фолосул буневцилорь : шй плата пѫкателорь дела думнезеу ꙗнтру честе кѫруи. Скрисуѣу честе кѫруи сфите : анй ҂ЗЧ, порождества Хво : .ꙗфпв. Месꙗца юуле ді. ꙗ чета те ꙗн ѡрѫшїе [1].

Par la grâce de Dieu, sous le règne de Sigismond Báthori, voïévode de Transylvanie, nous offrons d'abord, parmi nos manuscrits, ces deux livres : la *Genèse* et l'*Exode*, au seigneur banneret, à l'illustre chevalier François Geszti, élu capitaine de la Transylvanie et du pays hongrois, demeurant à Déva, afin que ces deux livres soient comme des prémices, jusqu'à ce que Dieu [nous permette d'en] imprimer et publier d'autres. Et Sa Grandeur François Geszti nous a aidés en tout et les a imprimés à grands frais, avec d'autres hommes de bien qu'il a près de lui, et vous les a donnés, frères roumains; aussi priez Dieu pour Sa Grandeur. Par la grâce de Dieu, moi Șerban, le lettré, grand maître de l'imprimerie, et Mărian, le lettré, ces livres étant venus en nos mains, nous les avons lus et ils nous ont plu, et nous vous les avons imprimés, frères roumains, et lisez-les, car vous y trouverez une perle précieuse, un trésor inépuisable. Vous connaîtrez dans ces livres l'avantage des bonnes actions et comment Dieu fait payer les péchés. Ces saints livres ont été imprimés l'an 7090, de l'incarnation du Christ 1582, le 14 juillet, en la ville d'Orăstie [1].

La première partie de la *Palia* est le seul livre imprimé à Orăstie qui nous soit connu. D'après un témoignage rapporté ci-dessus [2], témoignage malheu-

---

[1] Cipariu, *Analecte*, p. 81; Gaster, *Chrestomathie*, I, p. 37. — [2] P. 209.

reusement fort suspect, le typographe Șerban (fils du diacre Coresi?) se serait établi à Brașov, où il aurait imprimé en 1588. Rien ne nous paraît moins certain. Les réformateurs renoncèrent à une propagande dont ils avaient pu constater le peu d'efficacité; aussi l'imprimerie disparut-elle pour longtemps des pays roumains. Trente-cinq ans plus tard (1617), la Pečerska Lavra de Kijev commence à imprimer des livres destinés à toutes les églises orthodoxes de l'Europe orientale; bientôt Pierre Movilă, devenu archimandrite du monastère, puis métropolitain de Kijev, donne à la typographie slave un important développement; mais ce n'est qu'à partir de 1634 que le clergé valaque suit son exemple et qu'une imprimerie fonctionne au monastère de Deal. En Moldavie, le synode de Iassi provoque en 1642 la création d'une officine typographique. Nous nous proposons, dans une prochaine étude, de faire connaître les productions des presses roumaines pendant cette seconde période.

www.ingramcontent.com/pod-product-compliance
Lightning Source LLC
Chambersburg PA
CBHW062010070426
42451CB00008BA/602